WOLF-DIETER LANGE

ERNTEZEIT

EIN BLICK IN DIE NAHE ZUKUNFT

Bibliographische Information der Deutschen Nationalbibliothek:
Die Deutsche Nationalbibliothek verzeichnet diese Publikation in
der Deutschen Nationalbibliografie; detaillierte bibliografische
Daten sind im Internet über dnb.dnb.de abrufbar.

Herstellung und Verlag: BoD — Books on Demand, Norderstedt

ISBN 978-3-7583-0613-6

INHALT

Vorwort

Etwas Außergewöhnliches geschieht auf unserem Planeten. Die vereisten Polkappen und auch die Erdachse haben sich aus noch nicht eindeutigen Gründen leicht verschoben. Im Pazifischen Ozean erhebt sich aus den Wassern ein neuer Kontinent, wodurch große Flutwellen ausgelöst werden, die nicht nur in den umliegenden Küstenbereichen, sondern global zu großen Zerstörungen und zahllosen Flutopfern führen.

Die hier vorgelegte Erzählung in Versform führt die Leser in die Welt einer globalen Katastrophe, die sich in der Natur in vielfältiger Weise auf der ganzen Erde widerspiegelt, so auch im europäischen Raum, wie in heftigen Überschwemmungen, sinnflutartigen Regenfällen, orkanartigen Stürmen, heftigen Erderschütterungen etc., welche den Menschen vielerorts ihre Lebensgrundlage nehmen, die oftmals bereits durch Kriege, Despotismus, Egoismus und einen allgemeinen Sittenverfall geprägt ist. Es bleibt ihnen nur die Flucht vor diesen Mächten und die Hoffnung, sich vor ihnen irgendwo in Sicherheit bringen zu können.

Auch in unserer heutigen Zeit sehen sich viele Menschen lebensbedrohlichen Umweltbedingungen, Krisen und bewaffneten Konflikten in ihren Heimatländern ausgesetzt, die zu großen Flüchtlingsströmen geführt haben, und laut Bericht des UN-Büros für Katastrophenvorsorge sind zwischen 1998 und 2017 über 1,3 Millionen Menschen durch Klima-und geophysikalische Katastrophen ums Leben gekommen.

Viele Menschen sehen die katastrophalen Wetterextreme unserer jetzigen Zeit sowie die sich in vielen Bereichen abbildenden Krisen als Vorboten einer **Neuen Zeit**, die in unterschiedlichen Quellen bereits angekündigt worden ist.

Einleitung

Die sich auf einer geophysikalischen Ebene widerspiegelnden Vorboten einer neuen Zeit wie heftige Überschwemmungen und Regenfälle, Stürme und Erderschütterungen etc. sowie grundlegenden Veränderungen in der Natur und ihren geophysikalischen Gegebenheiten bilden den Hintergrund für das geistige Erwachen einer Gemeinschaft von unterschiedlichen Menschen überall auf der Welt.

Viele der Menschen, die vor diesem Hintergrund ihr Hab und Gut sowie Freunde und Anverwandte verloren haben, sind nicht ganz unvorbereitet. Sie tragen in sich das Wissen, dass das Aufbegehren der Natur, Grausamkeiten und Kriege, Egoismus und Überheblichkeit gegenüber dem Schöpfer und seiner Schöpfung das Ende einer Ära und den Beginn einer neuen Zeit ankündigt. Sie fühlen sich von Gott geführt und auch wenn immer wieder Zweifel und Ängste aufkommen, sind sie sich seines Schutzes sicher. Ein Zwiegespräch mit Gott, das einzelne Charaktere sowie die Erzähler mit Gott führen, gibt ihnen Halt und Richtung.

Diejenigen, die sich einem Leben der reinen Lustbefriedigung und der Gier nach materieller Befriedigung hingegeben haben, erfahren keine Rettung, da sie Gott verachten und seine Hand ausschlagen. Sie und die in ihrem Inneren bestehende Dunkelheit können in dem LICHT, das in der neuen Zeit alles von innen erhellt, nicht überleben.

Gott der Schöpfer: ER, IHN, SEIN etc. in GROSSBUCHSTABEN
Meher: Verweis auf Avatar Meher Baba

Schauplatz der Erzählung

Ein Höhenzug im Südwesten Deutschlands

Erste Fluchtbewegungen

Diese Menschen hier ermüden nicht, obwohl sie schon eine geraume Zeit die Hänge hinaufgestiegen sind. Sie werden von der Angst getrieben. Tobende Wasser haben ihnen alles genommen. In ihnen lebt immer noch die Furcht vor den tobenden Wasserfluten, denen sie im letzten Augenblick entkommen konnten. Sie erreichen eine hoch liegende bepflanzte große Waldlichtung. Ihre Verzweiflung ist groß. Der Hunger und die Trostlosigkeit der sie umgebenden Natur lassen sie an Gottes Barmherzigkeit zweifeln.

Halme scheinen durch die dunkle Nacht
Wie ein fahles, mattes, gelbes Meer.
An diese Ufer hat ER sie gebracht.
Nur Stroh? ... Zerknickt und leer?

Halme, gedroschen von der rasenden Natur,
Zerknickt und umgeschlagen,
Als SEINE Sichel sie durchfuhr,
Sodass sie kaum ein Korn mehr tragen!
Gedroschen vom bebenden Boden,
In den sie ihre Wurzeln woben,
Als sie haltlos aufeinander prallten
In den losgelassenen Gewalten.

„Ist es dies leer gedroschene Stroh,
Das DU uns einst versprochen hast?
Ist DEIN Anfang immer so?
Haben wir DICH vielleicht verpasst?
Treibst DU uns fort von DEINEM Tor?
Hälst DU uns nur den Spiegel vor?

Sieh nur, wir liegen auf den Knien.
Fielen in den Staub.
Wie jenes Korn sind wir gedieh'n,
Sind nun eins mit diesem Staub.

DEINE Wasser trieben uns hierher,
Wie Flugsand oder totes Laub.
Wir sind nichts mehr,
Sind nur noch Staub.

Keine Blüte, keine Frucht,
Von Nächten heimgesucht.
So fielen wir hierher,
Wie totes Laub.
Wir sind jetzt leer,
Sind nur noch Staub.

Hin zu DEINEM Ärmelrand
Strecken wir die suchende Hand,
So trostlos und ganz leer.
Die Fluten haben uns beraubt.
Wir fürchten nun das Meer,
Wir sind nichts mehr,
Nur Staub.“

Wir haben IHN verfehlt,
Sind wund, sind ausgezährt, gequält.
Unsere Sinne taub,
Ganz ohne Gegenwehr.
Wir sind nichts mehr,
Nur Staub.

Kein Vogel singt für unser Ohr.
Schmetterlinge sind nicht mehr.
Die Fluten kamen uns zuvor.
Der Aufstieg war so schwer.
Wir sind nichts mehr,
Nur Staub.

Unsere Leiden wiegen schwer,
Unsere Zunge träge, unsere Worte leer.
Keine Tränen mehr,
Unsere Worte sagen nichts.
Sie fliegen fort wie Staub.

Tag und Nacht sind nun vereint,
Nichts ist da, was für uns scheint,
Nur dieses trübe Grau.
Wir sind nichts mehr,
Nur Staub.

Das Grau erstickt die Schritte.
Das Grau erstickt auch unsere Bitte.
Wir sind nichts mehr,
Verweht wie Staub.

„Wozu hierher?
Nur Gelb, nur Stroh und leer?
Wehst DU uns nun hinüber
Über dieses tote Meer
Wie abgerissenes Laub,
Nur heimatloser Staub?"

Sie schreien ihr bittres Los
Hinein in SEINEN Schoß:
„DU hast uns selbst gesät,
Uns als Spreu hierher geweht.
DU gibst mit dem Getreidefeld
Nur das, was leer herunterfällt.
Hast DU diesen Ort gewählt,
Weil uns der rechte Glaube fehlt?"

Hunger! schreit der Magen,
Wie sollen wir's ertragen.
Wir stehen ganz am Rand,
Vor einer allerletzten Wand.

„Oh, BARMHERZIGER sieh doch, sieh!
Diese hier, das sind doch die.
Sie verließen DICH doch nie.
Waren sie nicht DEINE Wahl?
Litten sie umsonst die Qual?
Sie waren es, die zu DIR kamen,
Unter allen DEINEN Namen.

Sie litten stille DEINE Pein,
Als man DICH ganz entthronte
Für einem Zuckerwasserschrein.
Als man DEIN Abbild klonte,
Als man DICH als naiv verlachte
Und dafür das Okkulte brachte.

Nein, sie hielten DEINEN Saum.
Sie widerstanden dem Versuch,
Bedeckten ihre Scham mit Tuch.
Sie nähern sich der Stund
Von ihrer eignen Niederkunft,
Ihrem allerletzten Traum.

Erinnerst DU noch DEINE Not,
Als DIR Herodes droht?
Schau her, bei jenem Mal,
Bei Miriams Blut und Wehenqual,
War wenigstens ein Stall.
Was bietest DU in unserem Fall?"

Erste Versuche zurückzukehren

In kleinen Grüppchen versuchen sie, sich dem Waldgürtel zu nähern, um dahinter in die tieferliegenden Geländeteile blicken zu können. Aber die Dunkelheit und aufsteigende Nebelschwaden nehmen ihnen jede Sicht. Sie fühlen sich alleingelassen, ohne Nahrung, ohne Plan, ziellos, einfach fortgelaufen, um den eigenen Leib zu retten. Ihr Versuch, Reste aus dem ,alten Leben' zu retten, scheitert. Das Trauma des ,Übergangs' und die menschlichen Verluste quälen sie in der Erinnerung. Sie fühlen sich so leer.

> Stürme haben ihre Häuser fortgeweht.
> Ob sich die Erde überhaupt noch dreht?
> Die wahre Zeit ist keinem mehr bekannt.
> Weil man die Zeit nicht mehr verstand?
>
> Das Klagen schwängert nun die Luft
> Wie Grabgeruch aus einer Totengruft.
> Es ist ein dunkler Tag für Hinterbliebene,
> Vielleicht ein Fehlversuch für Hergetriebene.
>
> Alles Liebe, alles Edle, alles Feine
> Stützt und liebt man als das SEINE,
> Sie sind ein Wickel um die Seelen.
> Doch im Leiden liegt das FEINE,
> Deshalb mag man's sich zu quälen.
>
> Sie versuchen sich an den Trümmern,
> Erschaffen Wände, ganz aus Bruch gebaut,
> Doch aus ihnen werden niemals Zimmer.
> Sie verfallen, haben nie das Licht erschaut.
> Es bleibt bei einem eingestürzten Bau,
> Wände, Dach und Boden grau,
> Alles alt, wie im vergangenen Leben.
> Aber wissen tun sie's jetzt genau.
> So etwas Altes wird es nicht mehr geben.

Erschöpfung macht sich nunmehr breit,
Ihre Blicke reichen nicht mehr weit.
Sie suchen INNEN nach einem Weg,
Vielleicht weil ER zu Besserem rät.

Eng wie eine Schneide war ihr Weg,
Haltlos und nichts an beiden Seiten.
Hände hielten sich an Händen fest
Als Feste gegen alle Widrichkeiten
Und sie bestanden einen jeden Test.

Als ER sein Schweigen brach,
In Glorie mit SEINEM Zeichen,
In berstend lautem Krach,
Da überstiegen sie die Leichen.
Es war ein schreckliches Finale
Und eine Last für das Mentale.

Betäubt von SEINEM Glanz,
Vergaßen sie die Toten ganz.
Die Männer schufen eine Burg aus Leibern,
So schützten sie die eignen Weiber,
Ganz innen ihre Kinder.
Sie sahen dieses Dunkel nicht.
Geblendet von dem hellen Licht
Erhoben sie sich zum Jüngsten Gericht
Und gingen IHM entgegen.

Jemand führte sie gewiss hierher,
Sie wussten nichts von ihrem Los.
Es blieb ihnen gar nichts anderes mehr
Als ihr Sehnen nach SEINEM Schoß.

Sie mussten noch viel höher steigen
Und sie mussten beieinander bleiben.
Aber sie wussten nicht, was sie erwartet,
Vielleicht war es ER, der auf sie wartet.

Es erforderte ihre ganze Kraft,
Sie wussten nicht, ob es jeder schafft.
Doch ihr Hoffen hat nun viel Gewicht,
Sie steigen gemeinsam, dicht an dicht.
Sie machen für die Kinder Pausen,
Schauen hinauf zu diesem Licht,
Ob da droben auch noch andere hausen?

Sie fürchten sich jetzt gar nicht mehr.
Sie haben es bis hierher geschafft,
Entkamen diesem Wahnsinns-Meer.
Sie vertrauten SEINER Macht.
Denn es ist ER, der alles erschafft.

So manche Last verdunkelt unsere Herzen
Wie Furcht, Hass oder Schulden.
Werfen wir sie hinaus aus unseren Herzen,
Wir sollten sie dort nicht dulden.
Nur SEINE Liebe hat dort ihren Platz.
Sie ist unser einzig wahrer Schatz.

Ein Blick zurück

Fliehende werden erneut aufgenommen. Man fühlt das Leid in ihnen, obgleich man diese Geflohenen gar nicht kennt. Viele von ihnen sind verängstigt und haben Familienmitglieder verloren. Sie sind den Städten entflohen, deren Menschen sich der Dekadenz und Gottlosigkeit hingegeben haben und die nun jämmerlich zugrunde gehen. Einige sind so sehr traumatisiert, dass es Stunden dauert, bis sie schließlich Worte dafür finden und davon erzählen.

> „Wir schützten die Frauen mit Stöcken.
> Manche hatten Habe aufgeschnürt.
> Wir wussten nicht, dass ER uns führt.“

> ER hat ihnen innerlich dazu geraten.
> Sie flohen fast wie Automaten.
> Im Fackelschein verrauchter Städte
> Flohen sie und waren gut beraten.

> Sie sprachen von Gräbern mit Toten,
> Die die Fäuste hoben, krallengleich.
> Die schmähten den Geboten,
> Huldigten dem nackten Fleisch,
> Verfluchten IHN mit ihren Gesten,
> Als sie im Fleische schon verwesten.

> Die Städte, abseits lodernd,
> Waren wie aufgebroch'ne Wunden.
> In ihnen wurde die Kreatur
> Und alles Lebende geschunden.
> Im feuchten Pilz der Lüsternheit
> Harrten die im Elend modernd,
> Bis sie der Pilz verbrauchte,
> Bis ihre letzte Gier verrauchte.

Hinter eingestürzten Mauern
Hörten sie ersticktes Wimmern,
Als würde dort der Irrsin lauern.
In den zerklüfteten Trümmern
Huschten dunkle Schatten.
Es flohen selbst die Ratten.
Es tropfte dort aus Spalten
Wie Eiter aus den Wunden.
Man konnte kaum den Atem halten.

Leiber hielten sich umwunden,
In Lüsternheit und noch am Leben,
Um sich der Wollust hinzugeben.
Siechtum sickerte aus allen Wunden
Und wehte nun auf's Land hinaus.

Auf Abstand hielt sich diese fliehende Schar.
Jedoch brachen in wilder Tollheit gar
Hass und Störer über diese Fliehenden paar.
In Horden und mit Steinen werfend
Griffen sie in Wut nach diesen,
Die ER allein für SICH gebar,
Und die niemals Teil von jenen anderen war.

Die anderen fühlten sich verflucht.
Erst haben sie es mit Gier versucht,
Sich aufgeheizt zu einem Wahn,
Sich aufgeputscht in steiler Bahn,
Ihre Wünsche allzu leicht gestillt,
Sich mit Zerstreuung voll gefüllt,
Mit Luxus alles aufgeschäumt.
Nun hat ER alles weggeräumt,
Ihnen fortgenommen, was sich lohnt,
Den Tod gesät, aber sie verschont.
Nun suchen manche in ihrer Not,
Was ER ihnen verwehrt, den sanften Tod.

Neuangekommene

Die Neuangekommenen berichten von Erderschütterungen, die sie veranlassten, ihre Wohnungen aufzugeben. Sie beluden ihre Fahrzeuge mit dem Nötigsten. Als sie jedoch Gefahr liefen, vom Wasser fortgespült zu werden, steuerten sie aus Furcht direkt auf diese Hügelkette zu. Sie erzählen davon.

Das Rasen der Naturgewalten
Hat Rauch und Asche aufgewühlt.
Nichts war mehr festzuhalten.
In einem dunklen tiefen Grau
Verschwand, was sich wie Erde
Und wie Himmel angefühlt.
Damit was wirklich Neues werde,
Verschwand in heftiger Bewegung,
Als hätt die Erde im Schmerz gezuckt,
Ganz dicht bewohntes weites Land,
Land ganz bunt und satt.
Große Wassermassen wurden ausgespuckt,
Machten alles kahl und glatt.

Stürme fegten über alles hinweg,
Drückten alles nieder,
Rissen alles aus,
Verstreuten alles wieder,
Verwirbelten den üblen Dreck.

So zogen sie in stummer Qual,
Verzurrt als ob mit feinen Schnüren,
Ganz ohne jede freie Wahl.
ER, der HERR, schien sie zu führen.

Der Hunger hemmte ihren Lauf
Und machte ihre Schritte schwer.
Sie stiegen diese Hänge rauf
Und sahen dieses fahle gelbe Meer.
Als ER sie an dies Ufer brachte,
Zu diesem fahlen Meer aus Stroh,
Da wurde ER behutsam und so sachte
Und alles Treiben und das Hasten floh.

Sie fühlten sich nun fast am Rand,
Nicht wie gesunde Wesen.
Sie verloren ihren festen Stand,
Wurden wie mit einem rauen Besen
Wie Kehricht aufgekehrt
Und ausgeleert an diesem Rand,
Vor diesem gelben Feld
Und einer seichten Wiese.

Die Stunden strichen seicht dahin.
Dann fuhr der Atem ein in ihre Stimmen,
So wie der Wind hineinfährt
In ein flüchtig letztes Glimmen.

„Oh HERR, seist DU gepriesen,
Auch wenn DU uns nichts zu geben hast,
So lass uns hier auf diesen Wiesen,
Quäl uns nicht mit dieser Hast.
Gib uns Zeit zum Weinen."

Ruhe war zwar in den Beinen,
Doch wüteten die Schmerzen
Um so heftiger in ihren Herzen.
Und das Gift des Kummers quoll
Aus allen Poren übervoll.

Es tropfte über hohle Wangen
Auf Tücher, in die sie die Gesichter hüllten,
Auf ihre zarten Blößen,
Ins Gras hinein, sodass die Blättchen wippten.
Auf Steinen sah man dunkle Flecken
Und sie verschwanden ohne Spur.
Und die Nächte waren still, kein Toben.
Die Nächte waren still dort oben.

Schmutz sättigte die Luft,
Die trug, als sei sie schwanger
Mit allem Schwebenden.
Und so verwehrte sie dem Licht
Den Zutritt zu den Ebenen.
Dort oben auf dem Anger
Zeigte sich das Licht wie etwas Bleiches,
Fast wie der Mondenschein.
Ein schamverhülltes Licht,
Ganz zart wie etwas Weiches.

Dort roch man nicht den Tod.
Kadaver dünsteten nicht aus.
Sie waren zwar allein hier oben,
Doch schien es ihnen so,
Als seien feine Wesen
Um sie herum gewesen,
Die sie zogen oder schoben
Und sie leiteten dort droben.

Sind sie jetzt am Ziel?
Ist dies eine Wiege,
Ausgelegt mit Stroh,
Um ihr Fallen aufzufangen?
War es IHM zu viel,
Dem Schrei der Mägen
Etwas mehr zu geben
Als dieses magere Stroh?
Ist SEIN Anfang immer so?

Oh, Geburt ist immer so,
Traumatisch und erschütternd.
Und beim Schreien, ach, erzittert
Selbst das Krippenstroh.

Der Wald um sie herum
War schon fast zersplittert,
Wüst, bizarr und stumm.
Ein Wall. Es war, als liege
Mit seinen grellen Spitzen
Stacheldraht um diese Wiege.
Mit spitzen, hohen Borden
Umschloss er diesen Ort,
Bot Schutz vor wilden Horden,
Als wäre es SEIN Kinderhort.

Mitten in dem freien Flecken
Lag eine Scheune fast intakt.
Unter eingefallenen Mauerresten
Ließ ER noch Nützliches verstecken,
Das Nötigste zu ihrem Besten,
Als Teil von einem alten Pakt.

Als wenn die Nacht
Dem Tag nicht wich,
Diffuses Grau war nun erwacht,
Das alles farblos strich
In diesem fahlen Schein,
In dem noch flachen Raum,
Ganz ohne Schatten,
Sodass sich Schwarzes kaum
Von Grauem trennte.
So trübte sich auch ihr Sein,
Sodass man nichts erkannte
In diesem fahlen Schein.

Es gab da Sträucher, ganz verwildert,
Die nur zur Zierde Beeren trugen,
Als wären sie mit einem Totenkopf beschildert.
Doch Esskastanien waren abgeworfen,
Von den Feuern blieben sie verschont,
Als würden sie damit belohnt.
Bucheckern waren ausgestreut,
Damit es ihre Kinder freut.

So wie ein Dorn im Fleische reibt
Und alles Fühlen zu den Sinnen treibt,
Verkürzte der Hunger ihre Rast
Und trieb sie an zu neuer Hast.
Nach ersten ruhelosen Tagen,
In denen sie im Kummer lagen,
Trieb sie's ins Halbdunkel hinaus
Und weiter fort von ihrem Haus,
Bis ER sie in SEINEN Schoß trieb.

SEIN Wille geschehe

Eine Mutter findet mit ihren Kindern einen Hort der Ruhe und des Schutzes. Aber es ist nur eine scheinbare Ruhe. Welchen Pakt schließt die Mutter mit IHM?

Als wir den Ort erreichten,
Ich war gerade neune,
Meine Schwester sieben,
Hat uns das Grüppchen
In SEINEN Schoß getrieben,
Hinein in eine Scheune,
Sie war für uns wie eine Wiege.

Mit Achtsamkeit verbargen
Uns die Größeren und Alten,
Deren Mäntel uns umwalten
Wie Filzvorhänge mit kargen
Schlitzen, blickend ins Inferno,
Blickend in das Irgendwo,
Mit nur Stückchen eines Bilds,
Sickernd durch den dichten Filz.

Jetzt hat ER die Schnur gelöst,
Mit diesem Ort der Ruhe,
An dem sich niemand stößt.
Doch nur äußerlich war Ruhe,
Wie ein unterdrückter Schrei
Würgte es in ihren Kehlen.
Die Erde war wie ein aufgeschlagenes Ei.
Es begann, sie still zu quälen,
Denn es war noch nicht vorbei.

Nimmt ER uns wieder,
Was ER uns gerade gab?
Unser Klärchen lag
Ganz bleich und nass im Fieber.
Klärchen hatte gold'nes Haar,
Das wie die Frühlingssonne
Eine glitzernde Verlockung war.
Ihr Lachen taute Eis sogar.
Ihre Leichtigkeit war pure Wonne.
Nun lag sie leblos und so schwer
Und die Mutter sprach nicht mehr.

(*Der Junge spricht...*)
„Mutter, sag was, sag!
Selbst, wenn ich's nicht ertrag.
Schau, ihr Atem flieht,
Wehe, was geschieht?"

Ihre Härchen klebten nass.
Sie war so blass.
Sie war so weiß
In ihrem kalten Fieberschweiß.
Ihr gold'nes Haar
Wie feinste Seide war,
War nun wie feuchtes rottes Stroh.
All ihr Lachen floh,
Floh wohin?

„Siehst du die Kälte nicht,
Die in ihre Beine kriecht?
Hilft ER denn nicht?
Oh, Mutter, mir bangt,
Was ER verlangt."

„Sei ruhig Junge, bleib stille,
Es ist vielleicht SEIN Wille.
ER prüft doch unsere Liebe nur.
Gewiss, ER prüft uns alle nur.
ER, der Barmherzige, ist mit den Seinen,
Und ER fühlt, was wir erleiden.
Denn ER ist es, der alles erleidet."

(Die Mutter haucht der Kleinen ins Ohr...)
„Bleib, mein Kleines, bleib,
Ich behüte deinen Leib.
ER ist nicht so in Eile,
Bleib noch für eine Weile,
Sei nur ganz gemach,
ER weiß, was ER versprach."

(Im Tränenlauf schaut die Mutter hinauf...)
„Warum nimmst DU stets das Feinste,
Warum nimmst DU stets das Reinste?
Schau, sie ist doch jetzt so dünn,
Sie ist DIR wahrlich kein Gewinn.
Ihr Leibchen ist so schmächtig
Und DU, DU bist so mächtig.
Oh, DEIN Wille lässt mich erschauern,
Können wir DICH denn gar nicht dauern?"

(Die Mutter...)
„Mein Herzchen, mein Liebchen fein,
Ich halte dich,
Ich lass dich nicht.
Soll ER mich nehmen! Mich allein!"

(Die Mutter stockt eine Weile...,
murmelt dann in sich hinein...)
„Oh, ich weiß doch, ich vergaß,
Ich bin DIR nicht so rein,
Ich erfülle nicht DEIN Maß.
Oh, ich bin DIR nicht genug.
Ich weiß, ich wäre nur Betrug.
Aber nimm mich, Oh Herr,
Es fällt mir gar nicht schwer!"

(Der Junge...)
„Mutter, Mutter, bitte halt ein,
Was redest du?
Nein, nein, das darf nicht sein!"
(Die Mutter...)
„Sei still mein Junge.
ER gibt, so wie ER nimmt.
Es ist ER, nur ER,
Der über uns bestimmt."

Der Junge hält sich an der Mutter fest,
Die gibt ihm zärtlich einen Kuss.
Vom Grau nur noch ein Rest,
Es flieht entsetzt das letzte Licht
Vor einer langen Nacht, die kommen muss.
(Der Junge ängstlich...)
„Mutter, sieht ER uns denn nicht?"
(Sie antwortet...)
„ER sieht uns, ich sehe SEIN Licht!"

Eine lange Nacht begann,
Als die Dunkelheit hereinbrach
Und das letzte Grau verschlang.
Sie ahnten es und haderten noch.

Jetzt hörten sie, wie Stille klang
Und sanken in ein uferloses Loch.
Der graue Horizont verschwand.
Auch der Schein des Feuers floh
Hinter eine schwarze Wand.
Nichts war mehr, was irgendwie erhellte,
Selbst die Dunkelheit verschwand
In einer eingeschrumpften Welt.

Rauch, den nasses Holz entfachte,
Umfing uns alle ganz.
Der Rauch aus dieser Nässe
Legte sich schmutzig
Auf Klärchens feine Blässe.

Die Mutter drückte sie,
Hielt sie dicht am Mund,
Hauchte leise Worte,
Stund um Stund.

Mit feiner Stimme
Drang sie ein in ihre Sinne,
Berührte sie mit ihrem Mund,
Hauchte liebliche Worte,
Stund um Stund.

Mit weicher Stimme
Drang sie ein in ihre Sinne,
Berührte mit ihrem Mund
Die kühle Haut, den kalten Schweiß,
Atmete in das kühle Eis.
Mit ihrem Mund haucht sie
Wie in warme Asche,
Suchend nach der letzten Glut,
Stund um Stund.

Sie ließ nicht los,
Liebkoste sie mit ihrem Mund,
Wiegte sie in ihrem Schoß,
Stund um Stund.

Mit dem Schlagen ihres Herzens
Pochte es durch ihre Lippen,
Pochte es an SEINE Pforten,
Mit nimmer müdem Bitten,
In flehentlichen Worten.

Sie fühlte nicht mehr
Den kalten Wind,
Die Ascheflocken rings umher.
Ihr Herz ward stille,
Es schloss sich bald ihr Mund.
Es war SEIN Wille.
Sie gab IHM nun ihr Kind.
Sie duckte sich tief
In ihrem Schmerz.
Sie wusste es nun, sie muss!
Und gab den Abschiedskuss
Und wartete weinend
Auf die Morgenstund.

Am Morgen öffnete sich
Die dunkle Wand
Zu einer weiten Schau
In jenes trübe Grau.
Dann war die Nacht gebannt.

In diesem ersten Grau war,
Wie verborgen unter Asche,
Ein leichter Schimmer,
Den nicht einmal die Mutter sah.

Tief unter Klärchens Haut,
Ein feiner Ton, viel dünner
Als ein erster Lebenslaut.

Doch Mutters bleiche Lippen waren stumm,
Kein Tumult mehr, nur noch Stille,
Drinnen und um sie herum.
Nichts lastete mehr so schwer,
Auch nicht Klärchens scheinbar tote Hülle.
Die Mutter gab sich selber her,
Deshalb trug sie nun nichts mehr.

Doch war da jener Ton, ganz fein,
Geboren aus dem Schweigen.
Behutsam horchte sie in ihn hinein
Und folgte der Regung in ihrem Kind,
Es glich den Ascheflocken dort im Wind.

Wie eine aufgespannte Saite,
Neu gestimmt,
Nun als SEIN Instrument,
Erklang in ihr die Melodie,
Die man SEINEN Willen nennt.

Sie hielt das kleine Bündel,
Schaute hinein
Wie in einen heil'gen Grund,
Als blicke sie auf einen Schrein.

Stund um Stund
Floss nun neues Leben ein
Wie Wasser auf verdörrtes Land.
Man reichte sie, so wunderbar
Wie eine Rosenknospe
Leicht von Hand zu Hand.

Nachzügler

Fliehende abzuweisen würde ihr Ende bedeuten. Es wäre unmenschlich, sie dem Verhungern oder Ertrinken auszusetzen. Sie mussten also alles IHM überlassen. Wer kam, der kam durch IHN. Sie erzählen von ungewöhnlichen Erfahrungen und Eingebungen.

„Als ER uns hierher führte,
Hätten wir die Alten gern
Aufs Wägelchen gehoben,
Behutsam hingebettet,
Gehoben und geschoben.
Doch beharrten sie darauf,
Dass man zuerst die Kinder rettet.

Die Kinder und wer Krankheit litt,
Verbargen sich zwar immer wieder.
Doch schleppten wir sie dennoch mit,
Als wären sie die wichtigsten Glieder.

Als dann auf jener ersten Höhe
Die ersehnte Ruhe uns umgab
Und wir dort wie in einer Wiege lagen,
In ungezählten Tagen, die vorüberstrichen
Und einander glichen
Wie der unbewegte Mond,
Hielt ER uns ungewohnt
Entrückt von unseren Sorgen,
Denn wir dachten nicht an Morgen.

In diesem Dämmerschein,
Ganz und gar mit uns allein,
Trieben wir wie loses Holz,
Kraftlos und verbraucht,
Waren weder wie in Honig
Noch in Wein getaucht.

Zuweilen drangen Klänge
Wie ein feines Schwingen,
Wie sich einverleibende Gesänge,
So ein betörend feines Singen
In unser neues Leben ein.
Es betäubte unseren Kummer,
Zog uns in einen tiefen Schlummer.

Darinnen gab es keine Zeit,
Wir schwebten in Benommenheit.
Denn wir waren ja noch nicht so weit,
Wir bemaßen nicht die Zeit.

Es schien, als trieben wir ins Glück,
Doch alte Zweifel hielten uns zurück.
Wär es doch nur seliger Schlummer,
Dann hätten wir nicht diesen Kummer.
Doch der Hunger löste unsere Glieder
Und er peinigte uns immer wieder."

(*Einer der Alten wirft ein...*)
„ER brachte uns in diese Wiege,
Weil wir IHM wohl zur Aussaat taugen.
ER will kein faules Korn,
Das schon in seinen Ähren rottet,
Keinen missratenen Bauern,
Der seinen Pflichten spottet.
Wir sind in SEINER Erde.
ER hat uns dies gegeben,
Damit was Neues werde.
SEIN Acker war verweist.
Wir sind das NEUE LEBEN,
Das ER mit Liebe speist.
ER hat uns ausgesät,
Hinein in diese Wiege,

Damit wir Früchte tragen
Und SEINE Zeit beginnt.
Dann wird man SEINE Lieder singen.
Ein neuer Duft
Wird dieser Frucht entspringen.
SEINE Pollen
Trägt dann diese Luft.
SEIN Wollen
Währt dann ganze Zeiten,
Bis dann erneut
Die dunkle Schattenseite
Sich ihrer Existenz erfreut.

Wir sind IHM verpflichtet
Wie ein Finger sich der Hand.
Der Finger verrichtet
Den Willen seiner Hand,
Sonst sind sie tote Dinger.
Und hat selbst ein Finger
Einen eigenen Verstand,
So folgt er doch der Hand.
Ein Finger ohne Hand
Ist Idiotie oder Unverstand.

Wir spielen SEINE Lieder.
Wir sind SEINE Glieder.
ER hält uns an der Hand.
Wir sind nicht haltlos,
Weder Staub noch Sand."

Da schimpft ein anderer Alter unverwandt:
„Warum lässt ER uns nicht los?
So etwas brauchen wir nicht mehr.
ER schüttet doch nur Wasser in das Meer."

Doch ihre Angst lähmte ihre Hand.
Es war die Furcht vor dem Verstand,
Der sich in Dies und Das versucht,
Mit wild brandenden Gedanken,
In deren Auf und Ab und Wucht
Selbst schwere Boote schwanken,
Gedanken, die das Auge trüben,
Die wie Fliegen auf Geschwüren
Sitzen, beißen, drangsalieren,
Die das bisschen Ruhe rauben,
In den Wunden graben
Und sich an ihrem Elend laben.

Ja, Angst ist ein eingewöhnter Gast,
Dessen Geruch im Hause steht,
Dessen Atem in Gardinen weht
Und dessen Geist noch Türen dreht,
Wenn er es längst verlassen hat.
Das ist's: Die Angst macht uns so matt.

Die Angst und ‚ihre Geister'

Die in den Menschen steckende Angst und ‚ihre Geister' werden durch die Geschichte der Nachzügler nach oben gespült. Die Angst sucht sich ein Ziel und weckt dunkle Erinnerungen. Doch der Glaube an ihre Bestimmung ist fest in ihnen verwurzelt.

Die Frauen sahen heute einen Irren,
Im Anger, im Gebüsch versteckt,
Fast ganz vom Dunkel eingedeckt.
Das Weiße seiner Haut verriet ihn.
Nein, man konnte sich nicht irren,
Es handelte sich gewiss um einen Irren.

Wir Kinder durften nicht hinaus.
Die Älteren verfolgten, was er trieb.
Er schaute immerfort herüber.
Er schaute auf das eingestürzte Haus.
Wenn er an dieser Stelle blieb?
Wenn er uns aus den Augen wich
Und sich des Nachts herüberschlich?
Es schien, als ziehe es ihn hierher,
Ihn zu vertreiben, wär' nicht schwer.
Doch wär' er einer jener Horden dort,
Dann zögen wir wohl besser fort.

Man beriet sich immer wieder.
Zwei Männer gingen dann hinüber.
Sie sollten achtsam und verdeckt
Doch einmal schauen,
Wer oder was sich da versteckt.
Im Bogen schlichen sie sich an
Und kamen so ganz dicht heran.
Es war kein Irrer.

Es war ein Mann,
So dürr wie ein Gespenst.
Er hatte kaum etwas an,
Was man wohl männlich nennt.
Er hockte gebückt,
In großer Furcht,
Ganz ohne List,
War nicht verrückt
Und roch nach Mist.
Die Haut war zerfurcht,
Die Augen stumpf
Und er murmelte dumpf
Worte wie Gebete,
Nur in Kleiderfetzen,
Durch die es wehte,
Als würde ihn der Wind zu Tode hetzen.

Wie konnte er das Beben
So ganz alleine überleben?
Er war uns allen gleich!
Sein Herz war sicher weich.
Gott hatte ihn uns gegeben
Für ein neues Leben.
Es war die Furcht,
Die hielt ihn so verkrümmt.
Sie würde bald vergehen, ganz bestimmt.

Wir schienen ihm sogleich vertraut
Und wuschen seine blasse Haut,
Die wie Tuch auf dem Skelett
Über seinen Knochen lag.
Und noch am selben Tag
Machte man ihm ein Bett
Aus dicken schweren Decken.

Er murmelte unverwandt,
Sodass man's kaum verstand.
Es klang wohl wie Gebete,
Die er wie eine Mühle drehte.
Sonst war er gar so karg,
Wie einer, der sein Leid verbarg.

Mit diesem armen alten Mann
Fühlten wir erneut im Bann
Den Schrecken Monate zurück.
Die Kinder sahen nur ein Stück
Des ganzen Dramas um sie herum.
Doch kamen auch noch andere,
Wohin sie zogen, ist uns unbekannt,
Vielleicht kamen sie aus einem anderen Land.

(sich an vergangene Schrecken erinnernd...)
Die Kinder verbargen wir im Zentrum
Unseres ziehenden Verbands.
Als ER sein Schweigen brach,
Unerwartet, ganz im Stillen,
Mit furchtbar tosender Gewalt,
Als Erdengeister, Himmelswesen,
Tiefgebeugt in SEINEM Willen
Und ER in mächtiger Gestalt
Mit Schwert und Eisenbesen
Durch und über diese Erde fuhr,
Da kam Leben in die leidende Natur.
Um die Menschheit wachzurütteln,
Die Niedertracht herauszuschütteln,
Da hob und senkte sich die Erde.

Damit ein **Neues Leben** werde,
Gab ER ihnen eine **Neue Zeit**.
Denn erst jetzt waren sie dafür bereit.

Es roch stickig und verraucht,
Alles war in Finsternis getaucht.
Man hörte nur das Schreien und Weinen.
Viele verfluchten IHN und schrie'n herum.
Wir aber zogen stumm
Wie blind und taub
Durch diesen trüben Staub.

Durch SEINE weise Gnade
Waren wir wie stumpf geworden.
Wir Kinder waren SEINE Habe,
Ganz tief im ‚Bauch' verborgen.
Kein Stein traf uns, kein Stock
Verletzte unsere heile Haut.
Uns traf nicht jener Schock.
Wir hatten stets nur auf die warmen Leiber
Dicht um uns herum geschaut.

Noch in der Ebene dort unten
Erinnere ich mit Bangen,
Wie gar nicht weit an unserer Seite,
Durch Schwaden ganz verhangen,
Leise Geräusche zu uns drangen.
Achtsam horchend, in Bedrängnis,
Begannen wir zurückzuweichen.
Als plötzlich dieser Vorhang riss,
Da waren neben uns Gesichter.
Sie leuchteten wie helle Lichter,
Gesichter, auch verstört und bleich
Und ganz den unseren gleich.
Sie gingen stumm wie wir,
Gingen Hand in Hand wie wir,
Gingen dichtgedrängt und sachte,
Sodass es kaum Geräusche machte.

Wir sahen Kinder, auch dort im Zentrum,
Und Frauen, gedrängt um sie herum.
Außen Männer im Spalier,
Stöcke hatten sie, wie wir.
Plötzlich aber fiel der Vorhang
Zwischen den beiden Wegen entlang.
Die Schwaden wurden dichter
und verschluckten die Gesichter
In so selbsam fremder Weise.

Großvater sagte zu uns leise:
„Schaut, dort sind die andern,
die, die durch die Zeiten wandern.
Wir müssen weitergehen,
Wir werden sie wohl wiedersehen.
Sie werden so geführt wie wir,
Sie hängen fest an SEINER Schnur
Und sie alle folgen EINEM nur.
Sie horchen auf SEIN Wort
Und erreichen einen anderen Ort."

Solche Schatten der Erinnerung
Verdunkeln zuweilen die Gesichter.
Man sah sie aus den Kellern steigen
Und über die Gesichter treiben.
Und ihr Geschwätz drang dichter
An ihre Ohren, und erst einmal da,
War ein Rasen und ein Toben,
Das man in ihren Augen sah.

Eine Alte ruft erbost:
„Lasst die Toten endlich los!
Wir sind der Geist, der überlebt,
Während Stoffliches zum Abfall strebt.

Verbrauchtes liegt dort unten,
Ausgeglühte Asche, zerfallner Staub,
Karkassen und verbrannte Lunten,
Der Widerhall von Gier und Raub.
Lassen wir die armen Wirren,
Die durch den Schutt der Städte
Und durch ihre Trümmer irren.
Als die Ärmsten aller Armen
Taumeln sie nun frei im Wind.
Ja, sie brauchen SEIN Erbarmen,
Dann reinigt ER sie auch bestimmt."

Wem ER den Tod verwehrt,
Wird von den Toten essen,
Was ihnen dann den Tod beschert
Und sie erlöst vom Leid.
Sie sind nicht größere Sünder,
Sie sind nur noch nicht so weit.
Doch sind sie genauso SEINE Kinder.

Die Flut von Dingen trieb sie
Wie ein Sturm den losen Schaum.
In aufgepeitschten Wellen
Füllten sie den ganzen Raum
Mit uferlosen Dingen
Wie aufgeschäumte Milch.
Doch ist es lediglich ein Schaum,
Ganz ferne von der Milch.

Sie waren bodenlos geworden
Wie lose Finger ohne Hand.
Die Dinge haben sie verdorben
Und die beginnende Verwesung
Trieb sie immer weiter an den Rand.

Die Not so vor dem Tod
Ist ihre eigene Kreuzigung.
Ihre eignen Eisennägel reißen
In ihrem sündigen Fleisch
In Wellen bodenloser Pein,
Schneiden ein bis ins Gebein.
In ihrer grenzenlosen Not
Betteln sie um ihren Tod.
Das ungehemmte Streben,
Sich dem Genuß ganz hinzugeben,
Zerfraß ihr aufgeschwemmtes Ich.
Die Feuchtigkeit zerfraß sie,
So wie sich Eisernes zersetzt.
Sie siechten dahin an ihrem Geld,
Den Medien und den Dingen,
In denen das Wahre schnell zerfällt.

Sie waren wie vom Physischen besessen
Und wollten alles daran messen.
Was sich ihrem Maß so gar nicht stellt,
Das galt nicht mehr in ihrer Welt.
Die Begierde, das eigene Ich
War Drehpunkt ihrer opulenten Welt.
Sie mochten IHN wohl nicht.
Sie glaubten lieber an ihr Geld.

Wünsche und Unerwünschtes,
Das gab es immer schon zu Hauf,
Aber sie, sie setzten noch eins drauf.
Sie verseuchten und infizierten,
Mit Wunsch und Werberummel
Und ihrem subtilen Gefummel
Und dem beschwörenden Allerlei
Und dem dauerndem Geschrei
Und gaben vor, dass sie an unserer Zukunft bauen.

Sie betrogen so ein ganzes Menschengeschlecht.
Sie begannen, unsere Kinder zu versauen.

Was alles noch zusammenband,
Das Hohe Selbst, ja es verschwand.
Stattdessen und für alle klaffte
Ein Loch, das niemand stopfte
Und unablässig Hunger schaffte.
Sie hatten jenen Strang gekillt,
Der alles Sein von innen stillt.
In ihrem hoffnungslosen Ringen
Erfüllten sie sich alles nur mit Dingen.
Berge von Zeug kippten sie
Sich selbst und ihren Kindern
In die übervollen Zimmer
Und machten alles nur noch schlimmer.

Die Freiheit war SEIN Test.
ER suchte SEINE Saat,
Aber die war nur ein kleiner Rest,
Da sich die Masse der freien Wahl hingab.
Sie hörten nicht SEIN Rufen,
Nur das Glucksen und Schlürfen
Von Zuckerwasser und Absinth,
Modisch esoterisch, aber blind.
Lieblichkeiten, die sie schufen,
Mit Geschmack und mit Dekor,
Zogen sie IHM einfach vor.
Ja, sie hassten diese schlimme Wasserflut.
Dafür waren sie sich viel zu gut.

Eigenwert war nur noch Ziel,
Siechtum hatte nunmehr Stil.
Diejenigen, die Lust anboten,
Schossen auf wie wildes Kraut.

Ihre Werbung tobte gräßlich laut,
Und ihr Wettbewerb rieb alles auf.
Sie setzten auf das stumpfe Materielle,
Unbekannt das wahre Ideelle,
Nur Fleisch, das für den Tod gebar,
Der schon in jeder Zelle war.

In SEINER letzten Stund,
Da zählte noch der alte Bund.
Freiheit gleicht genau dem Leben,
Freiheit wird uns doch **Gegeben.**
Man kann sie sich nicht einfach **Nehmen.**

ER vergab sie einst im Paradies,
Bevor er sie der Schöpfung überließ.
Milliarden von Jahren ist sie alt.
Sich dem Zeitenreigen unterwerfend,
Ist sie nun von greiser brüchiger Gestalt,
Hat nur Protesen vorzuweisen,
Ein jämmerliches Wesen
Trotz abertausender Protesen.
Man übergab ihr greises Alter
An manch zerstrittene Unterhalter.

Etwas NEUES gibt ER uns zu Eigen.
Wir durchwandern diesen Reigen.
Wir sind die, die hinübergehen,
Wir sind SEINE Saat zum Säen.
Wie Tage, Frühling, Lebenszeit,
Alles ist zum Neubeginn bereit.

Wir nannten ihn Joseph

Er erschien ganz unvermittelt. Woher er kam, war nicht auszumachen. Niemand hatte ihn kommen sehen. Plötzlich stand er mitten unter ihnen. Sein Wesen, obgleich unscheinbar, übte auf Klärchen eine magische Wirkung aus, die Wirklichkeit und Fantasie verschmelzen ließ.

Dieser neue, dürre Alte
Mit einem kleinen Kreuz,
Das er an einem Faden trug
Und das bei jeder Regung
Gegen seine Rippen schlug,
Wurde Joseph nun genannt.
Klärchen behauptete steif,
Sie hätte ihn sofort erkannt
An diesem schönen Silberreif
Aus ihrem Märchenbuch
Im Land der Kinderlieder.
Es war ihr kindlicher Versuch,
Den Dürren einzugliedern,
Und sie erzählte es immer wieder:

„Es gab einmal einen alten Eunuchen,
Der kannte tausend Lieder.
Und wenn er diese sang,
In lieblich schönem Klang,
Sang er von einem Schloss,
Aus dem sich Licht ergoss.
Es hatte einen leeren Thron,
Lang war er verlassen schon.

Das Schloss auf einem hohen Berg
Erreicht man erst
Nach vierzig Tagewerk
Bei festem Ziel und Schritt.

Die Richtung ist ganz einerlei,
Denn es liegt ganz in der Mitt'.
Und es ist ganz zweifelsfrei
Die Erfüllung aller Träume.
Es hat ein reichverziertes Tor,
Hat Höfe, Gärten, edle Räume
Und ist umsäumt von einem Moor
Mit Wassern und mit Weiden.
Zuweilen scheint ein Licht,
Doch muss man unterscheiden,
Ob faulig fahles Schummerlicht
Oder jener Glanz vom Thron,
Der den Weg durchs Moor geleitet.

Da ist Joseph, ein Färbersohn,
Den zieht an, was da so scheint,
So fern, so nah durchs Moor.
Mal scheint ein blasser Schimmer,
Mal spiegelt sich der Mond.
Mal funkeln Glanz und Glimmer.
Mal sind es nur die Sterne,
Gespiegelt aus der Ferne.

Joseph lernt die Lieder des Eunuchen
Und träumt von den Versuchen,
All die Unbill zu bezwingen,
Um diesen Thron dort zu erringen.

Nur Könige, die wohnen dort
Und bewahren jeden Glanz.
Höflinge geleiten jeden Sucher
Mit Singen und mit Tanz
Durch Höfe, Gärten, Tore
Auf die ihnen zugewiesene Empore,
Mit Blick auf jenen hehren Ort
Auf dieser goldenen Empore dort.

Da steht ein kristallener Thron.
Tausendfach gebrochenes Licht
Ergießt sich in aller Farben Ton,
Verzaubernd und unerschöpflich
In den endlos weiten Weltendom.

Es gibt da eine Drachenbrut
In einer Höhle in dem Berg.
Dort helfen aber weder Mut
Noch Waffen oder Zauber.
Man muss einem Zwerg,
Dem übellaunigen Kartauser,
Der diesen hohen Berg
Von außen und von innen
Genau und sicher kennt,
Die Neigung abgewinnen,
Damit er einen Weg benennt
Oder dieses Untier zähmt.
Dieser Zwerg ist zwar übellaunisch,
Rechthaberisch und unbeflissen,
Doch wer ihm wahrlich dient,
Der erbt dieses seltene Wissen
Über jenen hohen, steilen Berg.

Den hohen Berg mit dem Schloss,
Der Färbersohn erreicht ihn fast.
An seinem Fuße und am Rande
Dieses Moores macht er Rast,
Mit einem Weibe eng im Bande,
Besiegelt mit 'nem Silberreif.
Ihre Feuerstelle sieht man weit.
Ihr Licht scheint weit und breit.
Sie wartet und er hält sich bereit.

Er steigt dann in jene Felsenklüfte.
Doch am dritten Tage seines Steigens
Rutscht er und fällt an einer Wand.
Im Stürzen greift ihn eine Hand
Und zieht ihn ärgerlich zurück.

Ein Zwerg, ganz alt, in Lederhaut,
Mit blitzend hellen Augen
Wirft ihn zu Boden und sagt laut:
‚Dies Steigen, wozu soll es taugen?
Was willst du denn dort droben?
Dort unten ist dein Platz! Geh,
Hol Essen und ich werd dich loben.'

Er geht hinunter zu seinem Weib,
Treibt sie an, das Essen zu bereiten
Und steigt zu jener Stelle, stolz.
Doch der Alte jagt ihn fort,
Sagt: ‚Sei morgen hier zur Stelle,
Bring dann ein Bündel Feuerholz.'

Er geht zurück zu ihrer Feuerstelle,
Nimmt das meiste von dem Holz
Und steigt hinauf zu jener Stelle.
Doch der Alte ist schon zornesrot:
‚Was stiehlst du ihr das Holz?
Siehst du nicht mein Bein,
Schlimmer könnte es nicht sein,
Voller Brand und ganz wund,
Im Sturz, als ich dich fing,
In deiner letzten Stund.
Alles für dich, du unnützes Ding.
Bring mir Kräuter aus dem Moor,
Bring sie frisch und sieh dich vor.'

Er rennt zurück zu seinem Weib.
‚Oh Weib, der grobe Zwerg,
Er bringt uns um die Früchte,
Er lässt mich nicht auf diesen Berg.'
‚Oh Mann, sei unbesorgt,
Ich suche ihm die Kräuter.
Sie lindern seine Qual,
Sie sind die beste Wahl.
Warte hier im Feuerschein.
Denk an IHN, du bist nicht allein.'

Er steigt hinauf zu jenem Ort,
Ihr Kräuterbündel unterm Arm.
Doch der Alte ist nicht dort.
Er wendet sich herum zum Gehen,
Doch packt da jemand seinen Arm.
Das Bündel streut, ach, in die Pfützen.
Der Alte schreit: ‚Was soll es nützen,
So schmutzig gegen diesen Brand.
Überdies ist es von fremder Hand.
Das kleine Bündel ist doch keine Plage,
Es gehört sich, dass man's achtsam trage.'

Er läuft zurück zu seinem Weib.
Empört meint er für sich:
‚Besser bleibe ich,
Und sie macht das jetzt für mich.'
Und meint, dass sie nach diesem Alten schaut.
Tag für Tag steigt sie hinauf,
Für des Alten Essen und das Kraut.
Dann ist die Wunde wohl verheilt
Und der Alte sendet nun nach ihm.
So steigt er hinauf zu jener Stelle,
Doch damit tut er sich nun schwer,
Denn er findet diese Stelle jetzt nicht mehr.

Müde vom Herumirren in dem Fels,
Tritt er ins Dunkel einer Höhle.
Kaum hat er sich an das Dunkel gewöhnt,
Hört er, wie dieses Tier aufstöhnt,
Sieht er die gelben Augen funkeln.
Feuer tritt aus schwarzen Nüstern.
Er sieht den Schuppenkörper wallen.
Es greift schon an mit seinen Krallen,
Als dieser Zwerg dazwischen tritt.

Benommen von dem beißenden Geruch,
Flieht er hinaus, hinein in eine Nische.
Alles ist nun schwarz verraucht.
Plötzlich verebbt das ganze Gezische
Und der Alte erscheint am Ort.
‚Warum warst du nicht zur Stelle,
Ich hätte dich gebraucht, sofort.
Auf diesem Weg ist man zu zweit,
Allein kommt man doch so nicht weit!
Geh’ nun zurück zu diesem Weib
Und bring mir ihren Silberreif.’

Zurückgekehrt sagt er: ‚Oh Weib,
Nun fordert dieser Alte gar
Deinen schönen Silberreif,
Dieses teure Stück, so rar.’

Seine Frau erwidert:
‚Lieber Mann, lass ihm den Reif,
Ich binde mir dafür ‘ne Schleif,
Er braucht ihn ganz bestimmt.
Es ist doch ein so gutes Omen,
Wenn er von uns was nimmt.’
So nahm er ihren Silberreif
Und stieg hinauf zu jener Stelle.

Den ganzen Tag verharrte er
Vor Furcht ganz unbeweglich.
Der Alte zeigt sich nun nicht mehr.
Und als der Tag zu Ende geht,
Legt er den Reif auf jene Stelle
Und kehrt in Angst zurück
Zu ihrer beider Feuerstelle.

Er findet sie verlassen vor.
Am Feuer liegt ihr Silberreif,
Den er dem Alten hat gebracht.
Aber wehe, da beginnt für ihn
Die unerwartet dunkle Nacht.”

Dies erzählte Klärchen uns
Und so gezeichnet sah er wahrlich aus,
Der, der fortan Joseph hieß.
Der Arme war so ausgezehrt,
Dass man ihm alles 'rüberschob,
Was einen Abgehärmten nährt.

Alles fütterten wir in ihn hinein.
Tage brauchte es und Lob
Und Überredung immerfort.
Aber Joseph war noch stumm
Und selten verließ er seinen Ort.
Joseph nahm nun langsam zu
Und fand nun unverhofft
Die verlorene innere Ruh.
Klärchen erzählte ihm oft
Von Gnomen und von Feen.
Und Joseph ließ alles wortlos
Und geduldig über sich ergehn,
Als wäre er ihr Großvater
Und sie seine Enkelin.

War es das, dass er sich fügte
Oder ihrem Spiel genügte?
Wer weiß, jedoch er hörte,
Wenn sie ihn Joseph rief,
Den Phoenix seiner Innenwelt,
In dem kein Ego wohl mehr schlief.

Und wenn sie niemand störte,
Lehrte sie ihn die neuen Worte
Ihrer selbst erfundenen Sprache.
Sie öffnete wie spielerisch
Seine knochig grobe Faust,
Besah sich seine alte Hand
Und tippte leise singend
Muster in den Schwielenrand.

Worte, die er nicht verstand,
Flüsterte sie ihm erneut ins Ohr,
Sprach ihm immer wieder vor,
Tippte Muster in den Sand,
Tönte mit kindlichem Gesang
Hinein in diese stumme Wand,
Bis sein erstes Lachen erklang.
Bald entspannten sich die Hände,
Wurden nicht mehr zur verkrampften Faust.
Es verschwanden starre Wände
Und die Schatten, die in ihm gehaust.

Lachen eroberte sein Wesen
Und zeichnete schöne Falten,
Die vorher nicht gewesen.
Man erkannte ihn kaum, den Alten.

Das Stumpfe in dem Blick
Wich nun langsam einem Glanz
Und die Verspannung im Genick
Löste sich und verschwand dann ganz.
Joseph war nun angekommen.
Vor den Wassern floh er hierher,
Er suchte SEINE helfende Hand
Gegen dieses tobende Meer
Und Menschen mit warmen Augen,
Die zum Miteinander taugen.

Er wachte mit am Feuer.
Er war uns unbeschreiblich teuer.
Er kannte sich in allem aus,
Als wäre alles sein Zuhaus.
Er richtete das alte Gebälk.
Er richtete das Mauerwerk.
Er war ein wahrer Segen.
Die Kinder konnten sich
Gefahrlos überall bewegen.

Den einzigen Toten, den man
Irgendwann in dieser Öde fand,
War ein vormals schönes Weib
Mit nahezu unverwestem Leib,
An ihrem Arm ein Silberreif.
Man vergrub sie am Wiesenrand
Mit einem Kreuz an dieser Stelle.

Zerstört war hier zwar viel
Wie das Mauerwerk der Ställe,
Doch die Scheune war stabil.
Und es war nicht so bedrohlich
Wie in der Ebene dort unten.
Das erste Mal war ihnen wohlig,
Als hätten sie ein Heim gefunden.

SEINE Zeichen

Die Menschen erleben nie dagewesene Naturphänomene. ER setzt ihnen Zeichen und es gilt, diese zu erkennen. Das Licht, das die Dunkelheit durchdringt und auch Naturkatastrophen trotzt, wird einem ‚Reingewaschenen' als Stellvertreter einer Neuen Menschheit zuteil.

Staub und Asche setzen sich
In feinen Schichten rings umher
Und als Raureif aufs Gesicht
Wie ein graues Flockenmeer
Mit kaum zu spürendem Gewicht.
Sie legen sich auf alle Farben,
Sie füllen Risse, tiefe Narben.

Ein schleierhaft verwehtes Grau
Durchzieht die nächtlich dunkle Morgenluft.
Es ist die erste schattenfreie Schau,
Bevor das Licht zur Trennung ruft.

Himmel und Erde scheinen nun vereint
Unter einer schmutzig grauen Decke.
Sie verharren wie gelähmt zu zweit
Mit Grauen vor dem Widerstreit
In dieser düstren Zeitenwende.

Nachts ist tiefe Schwärze,
Tags ist schmutzig fahles Grau.
Sie erheben sich nur schleichend,
Widerwillig und recht ungenau
Und weit, weit ineinanderreichend,
Als fürchte sich die Nacht, der Tag
Vor einem ungeeinten Menschenschlag.

Eine bizarre Morgenstund.
Geräusche versickern lau,
Verschluckt vom Aschegrau.
Das Plattenspiel der Schöpfung
Hatte einen Sprung.
Die Nadel hängt in einer Rille
Und seitdem ist tiefe Friedhofsstille.
So geht es nun schon tagelang.
Vielleicht ist das SEIN Wille.

Nur die Feuerstellen, die sind bunt.
Das Rot und Gold der Flammen
Fallen leuchtend auf die Gesichter.
Die heiße Glut bringt uns zusammen.
Sie macht so unser Dasein dichter,
ganz ausgerichtet auf das Feuer.

Die Hitze und die Tiefe seiner Glut,
Sie wärmen, als wären wir die junge Brut.
Flammen beugen sich im Tanz,
Augen spiegeln ihren Glanz.

Sein Krachen und sein Knistern
Beleben mit Geräuschen
Die sonst so stille dunkle Nacht.
Die Feuer brennen außen.
Die Feuer brennen innen.

Wie Sternennebel treiben wir
Verloren in dem dunklen All,
Glühend unter einem Ascheschwall.
In diesem Fliegen durch die Nacht
Zeigt das Feuer seine ganze Pracht.

Die Feuer gehen Gott sei Dank nicht aus.
Sie brennen außen und im Haus.
Ins Feuer werfen wir den Kummer
Zusammen mit dem Holz,
Ins Feuer werfen wir den Stolz.
Ins Feuer werfen wir die Last,
Die unsere Rücken niederbog,
Als es uns zurück ins Dunkel zog
Und all den Seelenschutt.
Die Zeit steht still um diese Feuer,
Sie sind wie alles fressende Ungeheuer.
Dies Feuer ist für vieles gut.

Als erste Boten der Veränderung
Stoßen Schneeglöckchen keck
In strahlend fleckenlosem Weiß
Durch den schmutzig-grauen Dreck.
Als wär's auf höheres Geheiß,
Sind sie bei diesem Kreuz am Wiesenrand,
Begrenzt auf die besagte Stelle jener Frau,
Die mit dem Silberreif an ihrer Hand.

Wie Tränentropfen, weiß und rein
Schauen sie in die graue Erde hinein.
Selbst der graue Himmel neidet
Den Pflanzen ihr fleckenloses Sein.
Wir alle haben es erstaunt gesehen.
Es muss dann wohl ein Zeichen sein.
Wie könnte es auch sonst geschehen.
Wir gehen täglich an die Stelle.
Joseph kniet dort meist allein,
Unermüdlich eine Flasche leerend
Mit Wasser aus dem nahen Bach
Und hält das reine Leuchten wach.

Es sind die letzten Zeichen
Von einer fast abgelaufenen Zeit
Als Warnung zur Besonnenheit.
Aber die meisten erkennen nicht
Den Sinngehalt von diesem Licht.

Doch dann verdunkelt sich das Licht
Und Wind rührt nun die Stille auf,
Weht Staub und Asche ins Gesicht.
Die Sonne endet ihren letzten Lauf.

In der Sekunde des Begreifens
Schreit Joseph angstvoll auf:
„Schnell, schnell, lauft, holt Holz.
Es geht um unser Leben.
Schnell, schnell hinaus!
Drei Tage müssen wir im Dunkeln leben.
ER wird uns keine Zeit mehr geben.
Drei finstere Tage muss es reichen!
Denn der Tod soll von uns weichen."

Erschrocken stürzen wir hinaus.
Man reißt die Kinder einfach mit.
Wir sammeln wie besessen,
Schleppen Scheite, Stöcke,
Aufgespaltenen Bruch,
Stämme, Reisig, Äste,
Alles, was man greifen,
Alles, was man brechen
Oder aus der Erde reißen kann.

Gnädig gibt ER uns noch Stunden,
Dann entlädt sich großer Druck,
Reißt alles Lose von der Erde,
Wirbelnd wie ein rasender Spuk.

Zuerst fallen leise Tropfen,
Doch dann brechen wie in Wellen
Dichte Schauer über alles her,
Man bewegt sich wie im Meer.
Wasser scheint wie aus der Luft
Überall hervorzuquellen.

Oh, was sind wir doch so dumm.
Dieser Kelch ist noch nicht leer.
Auch die Schneeglöckchen am Grabe,
Sie kämpfen gegen die Fluten schwer
Und auch wir schützen unsere letzte Habe.

Wasser kriecht sogar durch Wände.
Schimmel verbreitet üblen Duft,
Es riecht so muffig wie in einer Gruft.
Aber es ist noch nicht das Ende,
Durch Öffnungen rinnt es behende.
In breiten Lachen bildet sich der Schlamm.
Mäntel, Decken werden klamm.
Die Scheune wird zum feuchten Nest.
Rinnsale setzen sich am Anger fest.

Die Feuer brennen nur noch schwach.
Sparsam, achtsam halten wir sie wach.
Sie zu beleben, wird zur Kunst.
Das feuchte Holz schwitzt Dunst.
Der Mief und der muffige Wrasen
Steigen beißend in die Nasen.

Wetterleuchten kommt von fern
Aus seinem abgelegenen Kern.
Es wirft sich flackernd in das Dunkel,
Mit gespenstischem Gefunkel.

Licht- und Schattenrisse blitzen,
Spiegeln sich in unseren Augenschlitzen.

„Oh Meher, sie ertrinken.
Schau, der Himmel beweint ihr Leid.
Lass sie bitte nicht versinken.
Sie wähnten sich mit DIR zu zweit.
Nun fühlen sie sich ganz allein.
Mit einer Hand am Regenbogen
Driften sie ins Wasser rein,
In die erbarmungslosen Wogen."

„Oh Meher, halte diese Wasser an,
DU spülst sie DIR vom Saum.
Schau, Uriel, der hält sie kaum.
Der Schimmel frisst an ihren Füßen.
Fieber schleicht um ihr sogenanntes Haus.
Wofür müssen sie noch büßen?
Ohne DICH ist es bald aus."

Joseph sah den Ernst der Lage
Schon am Anfang dieser Plage.
Er wusste, dass das Holz nicht reicht,
Dass das Wasser den Boden aufweicht,
Dass alle Nahrung fortgerissen wird
Und die Feuchtigkeit den Rest verdirbt.
Er mahnt ständig, geht hinaus,
Und gräbt Gräben um das ganze Haus.

Wir sehen, es ist mehr als Regen,
Denn Tiere kommen nun hierher.
Sie fliehen vor dem Wassermeer
Auf die hochgelegenen Weiden,
Denn sie wollen auch nicht leiden.

Und nichts kann sie dazu bewegen,
Zurückzugehen in dies Wasserloch.

Anfangs gehen die Männer
Noch zu zweit
Und holen Holz und Pflanzen
Für diese schlimme Zeit.
Manche versinken tief in dem Morast
Und Joseph geht oft ganz allein,
Umhängt mit altem Thermoplast
Und Plastiktüten um Fuß und Bein.

Ihm hat es erst nichts ausgemacht,
Doch trocknet sein Zeug nicht über Nacht.
Er zieht dann gar nichts drunter an,
Denn auch er sinkt ein in diesen Schlamm.
Joseph schleppt so alles an,
Meist triefend wie ein voller Schwamm.

Als er einmal nicht mehr wiederkommt,
Fangen sie zu viert das Suchen an,
Doch sie kehren ohne ihn zurück
Und wünschen ihm, er habe Glück.
Wir machen draußen Feuer an,
Doch der Regen hat es bald erstickt.

Wir schreien uns fast die Kehlen raus.
Dann endlich ist es uns geglückt
Und Gott sei Dank kommt er nach Haus.
Oh, hätten wir nicht aufgepasst,
Dann wäre er versunken im Morast.

Joseph schien als Einziger gesund,
Aber sein Herz war wohl zu wund.
Er schien so unbeirrt robust,
Aber er hat gemogelt und keiner hat's gewusst.
Keiner schien so sehnig und stabil,
Doch auf sein Leben gab er nicht mehr viel.
Er suchte einen letzten Sinn,
Aber er fürchtete den Neubeginn.
Mit dem Versinken im Morast
Zerbrach er unter seiner schweren Last.

Jetzt stellt ER das Regnen ein.
Aber Joseph ist bereits am Ende.
Wir wickeln ihn in Decken ein,
Doch es bringt nicht die erhoffte Wende.
Wir halten ihn am Feuer warm,
Doch die Hitze peinigt seinen Leib.
Alles hängt an einem dünnen Garn
Und wir suchen einen besseren Verbleib.
Wegen seiner wachsenden Atemnot
Fürchten wir einen schnellen Tod.
Wir finden eine trockene Nische,
Wo sich nur wenig Dunst erhebt.
Dort gibt es noch ein wenig Frische,
Etwas Neues, Reines, wie zum Nippen.
Er hat Fieberträume, sieht Gesichte,
Er murmelt nur mit bleichen Lippen.

Martha ist bei ihm und ihre Nichte,
Die ihm ständig neue Wickel wand.
Was können wir denn überhaupt noch machen?
Und so gaben wir ihm die trockenen Sachen.
Es liegt nun ganz in SEINER Hand.

Draußen wird es wieder stille,
Wir fühlen erneut die Grabesstille.
Aber Joseph geht noch nicht dahin.

Draußen ist dichte Waschküchenluft
Und verbreitet ungewohnten Duft,
Nach Wäsche oder Erde riechend.
In großen Höhen existiert sie nicht,
Aber um Haus und Scheune kriechend
Spürt man sie als Schleier im Gesicht.

Schüchtern verbirgt sie jetzt die Natur
Und zeigt das Allernächste nur.
Die Szenen, die Armen, Allerlei,
Sie alle ziehen wie im Flug vorbei.
Selbst eine feine Blöße, flüchtig erblickt,
Wird vom Nebel sogleich erstickt.

Keine Künstlichkeit, kein Grau
Trübt die so erhabene Schau.
Alle schauen wir wie gebannt
Durch jene Löcher in der Nebelwand.
Nichts ist da, was wir gekannt,
Ob in weiter Ferne oder nah.

Als unser Feuer dann verstummt,
Sind plötzlich Vogelstimmen da.
Noch vom Nebel eingemummt
Hebt sich leise der Gesang,
Trillernd und aufbegehrend,
Empor zu einem höheren Rang.

(Klärchen nährt sich zaghaft der Mutter...)
„Mutter, sieht es nicht so aus,
Als schicke ER seine Boten aus?
Die Vögel sollten es doch wissen.
Sie sind im Himmel doch zu Haus."

„Oh ja, Joseph darfs nicht missen.
Er muss das sehen dort am Tor."

Josephs fiebrig matte Augen
schauen nun zum Scheunentor
Und scheinen sich dort festzusaugen.
Sie tragen ihn nun vor zum Tor,
Lehnen ihn behutsam an den Pfosten
Und er beginnt die **Neue Welt** zu kosten.
Er schlägt die Decken nun zurück
Und lässt sie ein, die feine Kühle
Wie ein neu gefundenes Glück.

Alles leuchtet nun in unfassbarer Pracht,
Als hätte ER das Licht in allem angemacht.
Joseph lässt sich sachte waschen.
ER öffnet alle Taschen,
ER wäscht nun die Gefühle
In dieser reinen Kühle.

Schweißtropfen hängen in den Brauen
Wie frischer Tau beim Morgenlauf.
Joseph richtet sich nun mühsam auf
Und beginnt nach uns zu schauen,
Zu allen, die nun zu ihm gehen,
Fragend, ob auch wir das alles sehen.

Seine Augen führen in die Ferne,
Wie Tore, groß und weit,
Als würden sie IHN zum Eintritt bitten.
Als wäre er nur mit IHM zu zweit,
Folgen sie SEINEN schnellen Schritten
Auf einem unsichtbaren Pfad.
Und sie scheinen IHN erneut zu bitten.

Ist da JEMAND, der sich ihm nun naht?
Josephs Augen steigern sich im Glanze.
Man fühlt, er sieht durch IHN das Ganze.
Und kaum danach, da schließt er sie
Wie in einer geheiligten Zeremonie.

Sein Körper sinkt, als falle dieser von ihm ab,
Letzte Tränen rollen sanft seine Wangen herab
Und ein letzter Hauch weicht von seinen Lippen.
Die Augen bleiben ganz geöffnet,
Als könnten sie's nicht fassen,
Was ER ihn gerade hat sehen lassen.
Joseph war wohl nicht von dieser Erde,
Denn er schien zu wissen, was aus allem werde.

Sie heben ihn ganz sachte in den Stadel hinein
Und wickeln ihn in bunte Tücher ein.
Kühle ist nun, wo vorher Fieber war.
Am Mittag ist der Körper kalt und starr.

Joseph sah die neue Sonne nicht.
Doch in seinem wissenden Gesicht
Sieht man den gestillten Durst nach Licht.
Ein Licht so sanft und labend
Wie die goldene Sonne am Abend.

Wir geben Joseph zurück zu Mutter Erde,
Damit sein Körper wieder zu Erde werde.

Ein neuer Zeitenzyklus kündigt sich an!

Es zeigen sich Boten einer Neuen Zeit. Eine *NEUE MENSCHHEIT* setzt sich durch. Die Menschen, die die Naturgewalten durch SEINE Gnade überlebt haben, werden von der Szenerie des ‚Übergangs' fast überwältigt. Doch dann gibt es ein großes Erwachen, ein allumfassendes und alles durchdringendes Licht, das alle und alles zu *NEUEM LEBEN* erweckt.

Eine neue Menschheit sucht nach ihrem Verbleib
Und versöhnt sich mit den Naturgewalten.
Die Erde dampft so wie ein Pferdeleib,
Als folge sie einer hektisch wilden Hatz,
Als ob es keinem gelänge, sie anzuhalten
Oder als verlöre sie ihren richtigen Platz.

Der Nebel hebt sich, aber bleibt.
Nachts steht er hier als dichte Wand,
Tagsüber ist er weißgrau fleckig verweht
Und geht bis hin zum Waldesrand,
Wo er dicht und unbeweglich steht.

Ganz vollgesogen ist das alte Haus.
Der Anger sieht ganz anders aus.
Die Erde hatte schwer gelitten.
Tiefe Furchen sind jetzt eingeschnitten
Und die Hänge aufgewühlt,
Wurzeln sind nun freigespült.
Die Wasser rinnen über Lachen,
Die sie beständig größer brachen,
Um alles Lockere fortzutragen.

Alles ist nun ziemlich aufgewühlt.
Von der oberen Sommerweide
Hat's Erde, Bruch und Zweige
Weit den Hang herabgespült.
Der obere dichte Wald
Gibt allem einen letzten Halt.
Aber SEIN alter Getreideacker,
Den die Wut der Elemente mähte,
In den ER SEINE Samen säte,
Ist vom Wasser kaum berührt,
Denn Rinnen hatte ER um ihn herumgeführt.
Mit Flechten und mit abgerissenem Geäst
Hält ER kraftvoll SEINE Pflänzchen fest.

Mit jeder Stund, die nun vergeht,
Gewinnt das Licht an Macht zurück,
Verschüttet hier ein bisschen Glück,
Besteigt gemächlich seinen Thron
Und residiert in allem Inneren schon.

Doch wo mag nur die Sonne sein?
Man sieht nicht ihren direkten Schein.
Man sieht den Himmel sich verfärben,
Als würde er mit seinen Farben werben.

An ihrer statt strahlt dieses helle Nebelmeer.
Es scheint, als falle es ihm gar nicht schwer.
Es ist ein schattenloses LICHT
Und es verschwindet dann auch nicht.
Auch des ‚Nachts', wenn diese Kühle kommt,
Dann ist es da, auch wenn sich niemand darin sonnt.

Tag und Nacht unterscheidet nur die Kühle.
Der Tag ist warm und treibend,
Er treibt alles an wie Wasser eine Mühle.

‚Nachts' versinken die Gedanken,
In Träumen innen bleibend,
Um das Gemüt in Ruhe aufzutanken,
Bis der Tag in alle Poren dringt
Und zu neuem Leben zwingt.

Die Alten bleiben noch im Haus.
Die Jungen gehen barfuß raus,
Zum Wiesenrand hinab
Und richten nun das Grab.
Das zarte Weiß ist fortgespült,
Das Totenbett der Frau verwühlt
Und das Kreuzchen fortgeschwemmt.

Der Simon geht zum Waldessaum,
Um Holz fürs Kreuz zu schlagen.
Die Männer helfen ihm, das Holz vom Baum
Zur Scheune hin zu tragen.

Jenseits des Hanges zur Ebene hin
Ist nun alles nebelig eingetrübt.
Es regt sich dort ein Neubeginn,
Ein neues Menschsein wird eingeübt.
Was von der Ebene noch bleibt
Und was darüber hinaus noch steht
Und was dort jenes Menschsein treibt,
Ist dieses NEUE, was nicht mehr vergeht.

Diese Wiege liegt wie hochgehoben
Treibend auf dem Wolkenmeer.
Im Himmel, aber ganz dort droben
Unter dem Gewölbe, steht ein Heer
Von Wölkchen und von feinen Schleiern,
Die IHN ganz bunt in allen Farben feiern.

Die Mutter sieht es gar nicht gerne,
Wenn es unsere Blicke
Fortzieht in die Ferne.
Warten dort die eigenen Geschicke?

„Kinder, schaut in eure Wiege,
Die Ferne will die Neugier wecken,
Doch da gibt es gar nichts zu entdecken."

ER hat zugedeckt, was da noch wohnt,
Und öffnet alles erst, wenn es sich lohnt.
Solange bleibt es neblig weiß.

In unserer eingeschrumpften Welt,
Nicht viel größer als ein Zirkuszelt,
War Mutter alles,
Vom Clown bis zum Frisör.
Wir lebten drinnen in dem Zelt,
Jetzt erst schaun wir auf die große Außenwelt
Und beginnen, in immer größeren Kreisen
Mit den Augen dort herumzureisen.

Schaut, wir mögen diese Schleier.
Wir sehen nicht, was ER bezweckt.
Keiner macht sich wirklich Sorgen.
Den Himmel, den ER dort versteckt,
Hält ER noch ganz dezent verborgen.
Warum sollten wir uns darum sorgen?

ER zeigt es flüchtig und nur klein.
Sie sehen nur den bunten Schein.
Vom Großen hält ER sie verschont.
Hinter den Schleiern, kaum verdeckt,
Sieht man das, was uns erschreckt.

Sieht man riesenhafte Bälle
Wie eine greifbar feurigrote Hölle.
Glühende Gestirne ziehen, ganz nah,
Nur wenige Momente sind sie da.
Doch sie bringen Ängste und Erschrecken.
Dann verschwinden sie hinter den Nebeldecken.

Die ganze Kleinheit,
Diese Nacktheit und alle Blößen,
Sind eine Nichtigkeit vor diesen Größen.
Schauen wir hinauf in diese Höllenglut,
So stockt sogleich das Blut,
Selbst wenn es nur Momente währt,
Aus Angst, dass alles auf uns niederfährt.

Die Angst fährt in unsere Glieder.
Die Macht dieses Schauspiels erdrückt.
Es zwingt uns Menschen nieder,
Wir halten uns gebückt.
Vor dieser nie gesehenen Gewalt,
In Macht und in Gestalt,
Bleiben manche einfach stumm.

Die Kinder dürfen nicht hinaus,
Sie halten diesen Anblick gewiss nicht aus.
Ein paar Erwachsene sind einfach stumm,
Manche laufen erschrocken herum.
Der Großvater sagt: „Wir stehen dicht davor."
Auch die Mutter sagt: „Wir stehen vor dem Tor."
Simon sagt: „Wir tauchen ein in SEIN Noor."
Martha sagt, wir sollten voller Ruhe schauen
Und ermahnt uns alle, IHM doch zu vertrauen.
Aber die Angst treibt nunmal den Schweiß,
Auch wenn man's gar nicht weiß.

Es rührt uns alle auf,
Alle schauen wir hinauf.

Es verschwinden die Geräusche.
Sie erwarten nun die ‚Nacht'.
Aber beständiges Leuchten
Tritt aus ALLEM Lebenden hervor,
In heller bunter Pracht!
Alle reiben sich die Augen,
So als könnten sie's nicht glauben!

Sie sind durch dieses LICHT geblendet!
Es ist überall, allüberall,
Wohin auch immer man sich wendet,
Man atmet stumm in dieses Licht.
Es ist überall, allüberall,
Da nirgendwo ein Schatten ist,
Auf dem ganzen Erdenball!
Nun laufen überall die Tränen,
Wie leuchtende Perlen im Gesicht,
Tropfendes erfülltes Sehnen,
Überall das bunte LICHT.

Sie sitzen alle stumm,
Denn ihre Worte wären jetzt zu dumm.
Nur ER spricht dieses EINE WORT.
Es klingt und hallt an jedem Ort.
Es öffnete alle Herzen
Und lindert alle Schmerzen.
Niemand kann es fassen,
Nun ist IHM alles überlassen.

Das Leben zeigt sich nun als LICHT,
Doch ist's kein Licht von oben!

Es tritt aus allen Poren
Und nur die Reinen werden jetzt geboren.
Denn das feinste Licht entschwindet
Durch den geringsten Hass und Zorn
Aus des Teufels Horn!

Es hat wohl Frost gegeben,
Denn Licht bricht sich in feinsten Facetten,
Tausend und Abertausendfach
In gleißend hellen Ketten.
Wie Riesendias, aber raumhaft
Erscheint nun alles traumhaft,
Aber dennoch ist alles wach.
Im Inneren von allem ist es hell geworden.
Aus den Zeiten flieht die ‚Nacht‘,
Und so ist alles überall erwacht.

Aus Nacht ist nunmehr **Tag** geworden!
Der ‚neue Tag‘ pulsiert so wie das Herz.
Er quillt hervor als Besonderheit.
Er ist träge oder spontan, doch mit Heiterkeit.
Er bewegt sich, er lächelt und sonnt,
Er ist nicht festgenagelt am Horizont.
Er ist nicht weiß und rund.
Er ist nicht fern und stumm.
Er fließt und färbt sich bunt.

Schaut, die Vögel und das Vieh,
Sie baden in ihren eigenen Auren.
Gras und Kräuter sind umringt
Von ihren Strahlenkränzen.
Ihre Buntheit ist ganz selbstbestimmt.
Schwärme von Vögeln fallen ein.
In aller Ohren klingt ihr liebliches Geschwätz.

Sie singen es vorwärts und rückwärts,
Sie bereden alles lang und breit
Und werden aus allem nicht gescheit.

Ganze Wolken von Mücken
Suchen nach einer neuen Gelegenheit
Und tanzen im Verzücken
Auf und ab, als endlose Begebenheit
Und werden aus allem nicht gescheit.

Der Wind rennt rastlos um das Haus
Und beginnt umherzustreifen,
Durch Büsche, über Steine, weit hinaus,
Weit über Horizonte, ohne es zu begreifen,
Sich drehend im Rauschen der Gedanken
Und wird aus allem nicht gescheit.

Der Bach murmelt suchend vor sich hin.
Lacht auf, oh ja, im Fallen sieht er seinen Sinn.
Murmelt stockend, stolpert über Ecken
Und will sich über das Gefälle strecken.
Er stürzt sich glucksend in jeden Ritz.
Schaut! Er erlaubt sich keinen festen Sitz,
Fließt weiter, immer weiter
Und wird aus allem nicht gescheiter.

Die Knospen schrecken auf.
Sie reiben sich verklebt die Augen,
Werfen ratlos Blütenblätter ab, die nichts taugen.
Als würden sie gerufen, wenden sie die Köpfe,
Sich erinnernd an die Zeit der Blumentöpfe.
Doch zugeknöpft verscheuchen sie die Träume
Und werden aus allem nicht gescheit.

Gräser mit ihren tausend Fransen
Tippen sich auf ihre Schultern nur
Und es echot ratlos über diese Flur.
Ihr Beugen, ihr Tuscheln, ihre Einigkeit
Macht sie trotzdem nicht gescheit.

Die Kiefer, die nicht weiß,
Dass ihr Herzblut verlockend riecht,
Will nicht in ihrer Eitelkeit,
Dass man über ihre nackten Wunden kriecht.
Sie stöhnt vor lauter Empfindlichkeit
Und wird aus allem nicht gescheit.

Und die Wolken, geschoben und gedrängt,
Sind nun wie Leuchten aufgehängt.
Sehen ihre eigenen Formen nun zuhauf,
Steigen weit und breit ganz hoch hinauf,
Bis dass ihr weißer Atem friert
Und unten als Eisblümchen alle Dinge ziert.
Und sie werden aus allem nicht gescheit.

Der Frühling hält uns nun umworben.
Hervorgelockt vom Vogelchor,
Hebt sich der warme Morgen
Farbig aus der kühlen ‚Nacht' empor.

Die schlafende Natur ist sibrig fein.
Als sie erwachte, begann es überall zu fließen.
Als flöße buntes Blut in sie hinein,
Beginnt sie, bunte Farben auszugießen.

Wie über eine weiße Leinwand flattern
Feinste Farbtöne, gänzlich unbestimmt,
Keiner kann sie für sich ergattern.
Nein! Sie werden ganz von IHM bestimmt.

Sie bilden sich heraus aus Abertausend Leben,
Die nur ER kennt, die nur ER kann vergeben.
Nur ER gestaltet diese Farbentracht.
Nur ER verfügt über diese Macht.

Farben erzeugt auch unser Herz,
Man fühlt sie Schicht für Schicht.
Sie zeigen sich als Wonne oder tiefer Schmerz,
Sie zeigen sich in unserem Gesicht,
An der Wehmut im sehnenden Gesang,
In ihrer Süße als Berührungsdrang,
Den die Liebe dazu bringt zu küssen,
Ohne sich darin verlieren zu müssen.

An den Gärten des GELIEBTEN
Flog ich tausendmal vorbei.
Wo sich die alten Weiden lieben,
In der Stille, Reih um Reih.
Sie winken sich mit Zeichen
Und jeder lässt den anderen vor,
Sich reihend mit den alten Eichen,
Wartend vor dem großen Tor.
Doch da keine Zeit mehr war,
Eilte unsere kleine Schar.

An den Gärten des GELIEBTEN
Flog ich tausendmal vorbei.
Schwäne ziehen dort ihre Bahn,
Sie wechseln ständig ihre Reih.
Ihr Weiß wird immer blasser,
Dann fallen sie in SEINE Wasser.
Doch da keine Zeit mehr war,
Eilte unsere kleine Schar.

An den Gärten des GELIEBTEN
Flog ich tausendmal vorbei.

Ihre Rosen, ihre Lilien blühen.
Ihr Blütenstaub treibt Liebelei.
Und ihr feiner Duft dringt wieder
Dem Federvieh ins Gefieder.
Sie wiegen sich hin und her an den Rändern
Mit Blütenstaub in den Gewändern.
Doch da keine Zeit mehr war,
Eilte unsere kleine Schar.

An den Gärten des GELIEBTEN
Flog ich tausendmal vorbei.
Oh, wie sich der Gärtner müht,
Damit in SEINEM Garten alles blüht,
Weil ER doch wohl ein König sei.
Die zerzausten Weiden berichten
Von ungewöhnlichen Geschichten,
Die sogar der Rabe glaubt.
Ich trete vor dieses Tor sogar
Und jetzt wird sie müde, meine kleine Schar.

An den Gärten des GELIEBTEN
Flieg ich nimmermehr vorbei.
Ich halte dort und suche nach Betrübten
An seinen Rändern nahebei.
Dort, wo ich umhergestreift,
Schüttle ich Duft und Blütenstaub,
Die ich von SEINEN Blumen abgestreift,
Über alles, auch über totes Laub
Und über Zweige und sogar
Über die mir fremd gewordene Schar.

In die Gärten des GELIEBTEN
Fliege ich, alles ist mir einerlei,
Nur nicht die Verliebten,
Ihr Duft der Zeit ist Dienerei.

Ich sammle Blüten, schöne Worte
Und schreibe schöne Lieder.
Ich warte oft an SEINER Pforte,
Inmitten von Leuten meiner Sorte.
Diese Lieder singe ich sogar,
Als Teil von dieser neuen Schar.

Oh, in den Gärten des GELIEBTEN,
Da steh' ich fragend, wo ER wohl sei?
Sie sagen droben, in dem Siebten,
Doch die Flügel brachen mir entzwei.
Nur mein Herz fliegt suchend hoch
Und ich warte versonnen im Geäst.
Vielleicht holt ER mich dort noch
Aus meinem kleinen Tränennest.
Oh ja, in SEINEM Garten sitze ich
Mit einem Strauß Vergiss-mein-nicht.

Oh, in den Gärten des GELIEBTEN,
Da schwingt alles mit SEINEM Wort
Und man hört auch die Betrübten.
Oh, es ist ein ganz besonderer Ort,
Viele Liebeskranke sammeln sich nun dort.

Oh, in den Gärten des GELIEBTEN,
Da gibt es viele schmale Pfade.
Dort leiden die Betrübten,
Ihnen verleiht ER SEINE Gnade.

Oh, in den Gärten des GELIEBTEN,
Da überreiche ich IHM meinen Strauß.
Es freut die Jünger des GELIEBTEN
Und vor allem IHN im Siebten.
Alles hat ER nun von mir genommen,
Endlich bin ich bei IHM angekommen.

Ein Wäscher erscheint am Ort!

Ein Wäscher zeigt sich ihnen als Bote einer Neuen Zeit. Die Zeit der Reinigung ist nun gekommen. Jeder hat die Chance, sich zu läutern. Viele widersetzen sich, weil sie ihre Chance und IHN nicht erkennen, aber ein paar lassen sich rein waschen und damit auf eine Neue Zeit vorbereiten.

Ein Wäscher kam heut' an diesen Ort.
Sein Rufen ist: „Ich mache alles rein!"
Man solle kommen, groß und klein.
Ich ging und sah ihn ganz in Weiß.
Aus allen Ecken kommen sie gelaufen
Und werfen Kleider auf die Haufen.
Als er sich bückt zu ihren Füßen
Und will sein Wasser darüber gießen,
Da treten einige verärgert auf seine Finger
Mit Schuhen, so schwer wie Eisendinger.

Ein Wäscher kam heut' an diesen Ort.
Da zeigen sie auf ihre Kleiderhaufen
Und beginnen schimpfend fortzulaufen.
Nur ein Buckliger, der näherte sich ihm
Und erbittet etwas von dessen Weiß.
Da bückt sich dieser zu seinen Füßen
Und beim Wasser darüber gießen
Sieht man ganz krankes, dunkles Blut
Über seine schönen weißen Finger rinnen
Und er wischt alles fort mit seinem Linnen.

Ein Wäscher kam heut' an diesen Ort.
Doch die meisten fühlen sich von ihm betrogen
Und sagen, dass er kein Wäscher sei.
Da tritt ein altes Weib an ihn heran
Und bietet dem Wäscher ihre Hilfe an.

Da bückt er sich zu ihren Füßen
Und beim Wasser darüber gießen
Sieht man dunkle Schatten, die sie verlassen
Und durch seine schönen weißen Finger rinnen.
Und er wischt alles rein mit seinem Linnen.

Ein Wäscher kam heut' an diesen Ort.
Und ich sehe, wie sich manche beraten,
Wie man ihn wieder vertreiben kann.
Da schleicht sich ein verrufener Kaufmann
Barfuß und mit flehenden Blicken an.
Da bückt der Wäscher sich zu seinen Füßen
Und beim Wasser darüber gießen
Sieht man lüstern schmierigen Schleim
Über seine schönen weißen Finger rinnen.
Und er wischt alles fort mit seinem Linnen.

Ein Wäscher kam heut' an diesen Ort.
Und einige begannen Hass zu schüren,
Um ihn des Betruges zu überführen.
Nur einer findet für ihn ein gutes Wort.
Den winkt er am Abend zu sich heran
Und kniet dann zu dessen Füßen.
Und beim Wasser darüber gießen
Sieht man blutende Geschwüre
Über seine schönen weißen Finger rinnen.
Und er wischt alles fort mit seinem Linnen.

Ein Wäscher kam heut' an diesen Ort.
Aber ich sehe ihn nicht. Er ging wohl wieder fort.
Da sehe ich eine weiße Taube fliegen.
Meine Augen folgen ihrem Flug
Und ich finde IHN wartend, mir ganz nahe.
Doch schau ich IHN vor Scham nicht an.
Da bückt ER sich zu meinen Füßen
Und beim Wasser darüber gießen
Sieht man stinkenden, schmutzigen Kot
Über SEINE schönen weißen Finger rinnen.
Und ER wischt alles fort mit seinem Linnen.

Ein Wäscher kam heut' an diesen Ort.
ER nimmt der Welt die Nächte fort
Und tauft sie mit einer Farbenpracht,
Die noch nie ein Mensch gesehen hat.

Man fühlt jetzt dauernd diese tageshelle Nacht.
Alles leuchtet in unfassbar heller Pracht,
Als hätte ER das LICHT in allem angemacht.
Unser Denken, unser Fühlen wird zur bunten Tracht.
Seht! ER hat etwas ganz Neues für uns gemacht!

Ein Wäscher verlässt nun diesen Ort.
Doch wenn man IHN ruft, erscheint ER sofort.
Und wer dies nicht glauben will, der irrt!
DER WIRD SEHEN, DASS ETWAS **GANZ NEUES** WIRD!